LE CONNÉTABLE

DE CLISSON,

OPÉRA EN TROIS ACTES;

Représenté pour la première fois, sur le THÉATRE DE L'OPÉRA, le 20 Pluviôse an 12.

PRIX : 1 fr. 50 c.

A PARIS,

Chez BALLARD, Imprimeur du Théâtre de l'Opéra, rue J.-J. Rousseau, n°. 14.

AN XII. — 1804.

Les Paroles sont de M. ***

La Musique est de M. PORTA.

Les Ballets sont de M. GARDEL.

NOTE HISTORIQUE.

Le héros de ce poëme fut, comme on sait, l'héritier du rang et de la gloire de Duguesclin. Il s'occupait de chasser les Anglais du royaume, lorsqu'une vingtaine de scélérats fondit sur lui dans la nuit du 13 au 14 juin 1392, et le laissa pour mort. Peut-être ne rapprochera-t-on pas sans étonnement l'époque, les circonstances de cet assassinat, et l'intérêt que le roi d'Angleterre manifesta pour Craon, qui en était le principal auteur. De telles données pourraient suffire à un écrivain anglais pour asseoir une imputation odieuse : on ne trouvera rien ici de semblable ; les Français gardent plus de mesure avec l'ennemi qu'ils combattent, et croient de leur loyauté de ne pas écrire, pendant la guerre, un seul mot qu'ils voulussent effacer à la paix. L'hommage féodal rendu par le roi d'Angleterre au roi de France, la violation des trêves, événemens qui appartiennent au règne de Philippe de Valois, et que l'auteur de cet ouvrage a cru pouvoir transporter sous celui de Charles VI ; enfin les préparatifs d'une descente qui ont été faits véritablement à cette dernière époque, sont des traits assez frappans par eux-mêmes, et disent à des cœurs français tout ce qu'il est nécessaire de leur dire.

Pour ne rien faire perdre à ces tableaux de l'effet qu'ils doivent produire dans les grandes circonstances où nous nous trouvons, c'était plutôt avec célérité qu'avec correction qu'il importait de les dessiner. L'auteur ne s'est point dissimulé le désavantage d'un tel travail; mais des Français concevront sans peine qu'il ait fait à son patriotisme le sacrifice de son amour-propre.

Il est inutile d'observer que les amours du Connétable et d'Alix, que le nom même de Madame de Courcy sont de pure imagination. Il ne fallait rien moins que l'indispensable nécessité de rendre amoureux un héros d'opéra, pour forcer à cette altération du caractère de Clisson, qui était plus brave que galant.

ACTEURS ET ACTRICES
CHANTANS DANS LES CHŒURS.

COTÉ DROIT.		COTÉ GAUCHE.	
BASSES CHANTANTES.	**PREMIER DESSUS.**	**BASSES CHANTANTES.**	**DEUXIEME DESSUS.**
Citoyens.	*Mesdames.*	*Citoyens.*	*Mesdames.*
Leroy.	Duchamp.	Le Cocq.	Launer.
Deville.	Himm.	Devilliers.	Maker.
Nisi.	Florigny.	Hœbert.	Rose.
Moreau.	Aubry.	Varlet.	Boson.
Gonthier.	Petit.	Picard.	Joinville.
Lhoste.	Delboy.	Aubé.	Mulot aînée.
Adrien F^d.	Vaillant-Lechon		Mulot cad.
Martin.	Valin.	**TAILLES.**	Proche.
Putheau.	Royer.	Leroux aîné.	Mante.
	Dubois.	Leroux cadet.	Pellet.
H.-CONTRES.	Chévrier.	Chévrier.	Mazières.
Le Roy.		Duchamp.	Lorenzetti.
Gobert.		Nocart.	Degrandville.
Briele.		Beaugrand.	
Chollet.		Cajani.	
Feret.			
Fasquel.			

PERSONNAGES DANSANS.

ACTE PREMIER.

VASSAUX DE Mme DE COURCY.

MM. Beaupré, St.-Amand, Duport.

Mmes Naley-Neuville, Rivière, Florine, Fenni, Minette Duport, Louise Taglioni.

M. Duport, Mlle. Taglioni.

MM. Auguste, Leblond, Gogot, Beautin.

Mmes Gabrielle, Jeanni, Pansard, Guichard.

MM. Eve, Marette, Henry, Toussaint l'aîné.

Mmes Leverd, Deslauriers, Athalie, Delphine.

MM. Saron, Biquier, Dejazet, Guillet.

Mmes Mareiller l'aînée, Eugénie, Aldebel, Adélaïde, Ferret.

ACTE DEUXIÈME.

LES OFFICIERS DE LA SUITE DE CLISSON.

MM. BEAULIEU, BRANCHU.

MM. Deschamps, Cantagrel, Lhuillier, Seuriot cadet, Justin, Buttaud, Chatillon, Godefroy.

GUERRIERS ANGLAIS,

SUITE DE L'AMBASSADEUR.

MM. Petit, Rivière, Romain, Bance, Michel, Galet, Verneuil, Petit 2ᵉ.

ACTE TROISIÈME.

TROUBADOURS.

M. VESTRIS.

Mᵐᵉ GARDEL.

DAMES DE LA COUR.

Mᵐᵉˢ Saulnier, Millière, Louise, Bigottini.

MM. Joly, Senriot l'aîné, Michel, Maze.

Mᵐᵉˢ Buisson, Reine, Bodson, Lavancour.

PERSONNAGES.

OLIVIER DE CLISSON, Conné-
  table de France,   M. LAINEZ.
ALBÉRIC, écuyer du Connétable, M. BERTIN.
M.me DE COURCY,   M.lle ARMAND.
ALIX, sa fille,   M.me BRANCHU.
UN BARON anglais,   M. MOREAU.
UN OFFICIER de l'armée de
  Charles VI,   M. PICARD.
UN OFFICIER de l'armée française, M. MARTIN.
UN GOUVERNEUR de Citadelle, M. MOREAU.
UN TROUBADOUR,   M. NOURRIT.
SUITE de Clisson.
VASSAUX de M.me de Courcy.
SOLDATS français.
SOLDATS anglais.
TROUBADOURS.

La Scène se passe, en Picardie, au Château de
M.me de Courcy, et dans les environs.

LE CONNÉTABLE

DE CLISSON,

OPÉRA EN TROIS ACTES.

ACTE PREMIER.

Le Théâtre représente l'extérieur du château de Madame de Courcy.

SCÈNE PREMIÈRE.

Mme. DE COURCY, ALIX, VASSAUX.

LE CHŒUR.

RÉPÉTONS à l'envi les chants de la victoire ;
Laissons les chants du deuil à la triste Albion ;
    La France a reconquis sa gloire,
Insulaires, tremblez ; son héros est Clisson.

UNE SEULE VOIX.

Tous les périls en vain menaçaient notre téte ;
Seul il est pour la France un solide rempart :
    C'est un rocher quand il s'arréte,
    Et c'est la foudre quand il part.

LE CHŒUR.

Répétons à l'envi, etc.

A

UNE SEULE VOIX.

Des chevaliers c'est le modèle ;
Il est courtois, brave et galant.

UNE AUTRE.

De la gloire fidèle amant.

ALIX, *à part.*

De son Alix amant fidèle.

LE CHŒUR.

Laissons les chants du deuil à la triste Albion,
Répétons à l'envi les chants de la victoire ;
La France a reconquis sa gloire,
Insulaires, tremblez ; son héros est Clisson ;
Répétons à l'envi les chants de la victoire.

ALIX, *à part.*

Qu'il est doux d'entendre louer
Le digne objet qui règne sur notre ame !

Mme. DE COURCY, *à part.*

Qu'il est cruel de brûler d'une flamme
Que l'honneur défend d'avouer !

LE CHŒUR.

Répétons à l'envi les chants de la victoire ;
Laissons les chants du deuil à la triste Albion ;
La France a reconquis sa gloire ;
Insulaires, tremblez ; son héros est Clisson.

UNE VOIX.

Son fidèle écuyer s'avance.

SCÈNE II.

LES PRÉCÉDENS, ALBÉRIC.

Mme. DE COURCY.

ALBÉRIC, quel sujet vous conduit près de nous ?

ALBÉRIC.

Du valeureux Clisson j'annonce la présence,
Quand le superbe anglais est tombé sous ses coups,
   (*montrant Alix.*)
Clisson vient réclamer le prix de sa vaillance ;
   Le Héros qui sauva la France
Doit de la belle Alix être l'heureux époux.
Du seigneur de Courcy la promesse est donnée,
Son trépas ne peut rompre un lien aussi beau ;
Sa veuve, en souscrivant à ce noble hyménée,
   En allumera le flambeau.

Mme. DE COURCY.

Albéric, il suffit ; dites à votre maître,
   Qu'en ces lieux il est attendu.

ALBÉRIC.

Je revole vers lui ; vous l'allez voir paraître,
Et presser un hymen trop long-tems suspendu.

       (*Il sort.*)

SCÈNE III.

LES MÊMES, ALBÉRIC EXCEPTÉ,

LE CHŒUR.

Que ce jour a pour nous de charmes!
Que cet hymen nous rendra tous heureux!

ALIX.

Que ce jour a pour moi de charmes!
De mon bonheur tous les cœurs sont heureux!

Mme. DE COURCY, *à part.*

Que ce jour m'inspire d'allarmes!
Comment cacher mon trouble affreux?

LE CHŒUR.

Célébrons cet hymen par de champêtres jeux.
                              (*On danse.*)

Mme. DE COURCY, *à part.*

Ah! faut-il sourire à des jeux,
Lorsque l'on dévore ses larmes?

LE CHŒUR.

Que ce jour a pour nous de charmes!
Que cet hymen nous rendra tous heureux!

ALIX.

Que ce jour a pour moi de charmes !
De mon bonheur tous les cœurs sont heureux !

(*On danse.*)

Mme. DE COURCY, *à part.*

Non de cette contrainte horrible ,
C'est trop m'imposer le tourment.
(*haut.*)
A ce tendre intérêt , amis , je suis sensible ;
Mais suspendez vos jeux , laissez-nous un moment.

(*Le chœur se retire.*)

SCÈNE IV.

MADAME DE COURCY, ALIX.

Mme. DE COURCY.

MA fille, écoutez-moi.

ALIX, *à part.*

Pourquoi ce ton sévère?

Mme. DE COURCY.

Alix, du soin de me plaire
Votre cœur est-il jaloux ?

ALIX.

Vous plaire, ô ma tendre mère,
Est mon desir le plus doux.

Mme. DE COURCY.

Si ce desir est sincère ,
Renoncez à Clisson...

ALIX.

Que me proposez-vous ?

Mme. DE COURCY.

Il ne peut être votre époux.

ALIX.

Il ne peut être mon époux !
Clisson fut choisi par mon père.

Mme. DE COURCY.

J'ai fait un autre choix pour vous.
Renoncez à Clisson.

ALIX.

Que me proposez-vous?
Mais ce choix, à ses yeux, ma mère,
Comment le justifierez-vous?

Mme. DE COURCY.

Ce soin ne regarde que vous,
Affectez de paraître inconstante et légère.

ALIX.

O ciel! que me proposez-vous?
Moi! paraître à ses yeux inconstante et légère!

Mme. DE COURCY.

Obéissez, ma fille, ou craignez mon courroux.

ALIX.

Madame, ah! si je vous suis chère!...

Mme. DE COURCY.

Ma fille, vous savez combien vous m'êtes chère.

ALIX.

Accordez-moi Clisson.

Mme. DE COURCY.

Que me proposez-vous?

ALIX, Mme. DE COURCY, *à part.*

Avant qu'il fût couvert de gloire,
J'aimais en secret Olivier,

Et ses exploits et sa victoire,
M'apprendront-ils à l'oublier?
(*On entend dans l'éloignement une marche
guerrière.*)

Mᵐᵉ. DE COURCY.

Il vient, vous connaissez mon ordre irrévocable;
Ayez soin de l'exécuter.

ALIX.

Souffrez que, pour remplir un devoir qui m'accable,
Je me retire...

Mᵐᵉ. DE COURCY, *la retenant.*

Il faut m'obéir et rester.

SCENE V.

**LES PRÉCÉDENS, LE CONNÉTABLE DE CLISSON,
ALBÉRIC, SUITE.**

*La marche continue; on voit paraître d'abord
des Officiers et des Soldats portant les dépouilles
des ennemis, dont ils forment un trophée : le
Connétable se montre ensuite.*

LE CHŒUR.

Honneur au héros de la France,
Sage dans les conseils et grand dans les combats,
Il soumet avec assurance
Les factieux par sa prudence
Et les ennemis par son bras.

CLISSON, *à sa Suite.*

Goûtez, il en est tems, les fruits de la vaillance;
Le repos vous attend, invincibles soldats!

(*à Alix.*)

Si ma valeur fut redoutable,
J'aspirais à vous mériter :
Puis-je rendre assez respectable
Un nom que vous allez porter ?
Sans un prix si doux, la victoire
N'aurait qu'une vaine splendeur ;
Les combats m'ont donné la gloire,
Mais j'attends de vous le bonheur.

LE CHŒUR.

Honneur au héros de la France,
Sage dans les conseils et grand dans les combats,
Il soumet avec assurance
Les factieux par sa prudence,
Et les ennemis par son bras.

(*Le chœur se retire.*)

SCÈNE VI.

CLISSON, MADAME DE COURCY, ALIX,
ALBÉRIC.

CLISSON.

BELLE Alix, pourquoi ce silence ?
Vos regards semblent m'éviter.

ALIX.

Seigneur, la mort d'un père et votre longue absence....
Ont changé... je ne puis...

CLISSON.

Que faut-il que je pense ?
De votre foi dois-je douter ?
Vous détournez les yeux...vous craignez ma présence ?
Quel trouble peut vous agiter ?

ALIX.

C'est trop me faire violence;

(à part.)

Cruel devoir! fatal moment!
C'est pour toujours que je le quitte;
Et le trouble affreux qui l'agite
Redouble encore mon tourment.

(Elle sort.)

SCENE VII.

CLISSON , MADAME DE COURCY.

CLISSON.

ELLE me fuit... expliquez-moi, madame,
L'accueil que je reçois ici.
Dissipez les soupçons qui naissent dans mon ame;
Eh quoi! vous m'évitez aussi?

Mme. DE COURCY.

Ah ! seigneur, excusez l'embarras d'une mère ;
Comment vous dire... Alix...

CLISSON.

Elle a trahi sa foi ?

Mme. DE COURCY.

La jeunesse... est souvent légère.

CLISSON.

Mon malheur est certain, son cœur n'est plus à moi.

Mme. DE COURCY.

Que je sois toujours votre mère.
Soyez volage à votre tour ;
Ne souffrez pas d'un vain caprice,
Et que des pertes de l'amour,
La douce amitié s'enrichisse.

D'un cœur que j'entends soupirer,
Que la blessure soit guérie ;
Pour le bonheur encor vous pouvez respirer,
Écoutez la voix qui vous crie :

Soyez volage à votre tour, etc.

CLISSON, à part.

Quel est son secret dessein ?
Que veut dire un tel langage ?

Mme. DE COURCY, *à part.*

Il est surpris d'un tel langage !
Poursuivons mon secret dessein.

CLISSON, *à part.*

Jamais l'amour qui m'engage
Ne s'éteindra dans mon sein.

Mme. DE COURCY, *à part.*

Et puisse l'amour qui m'engage,
Pénétrer aussi dans son sein !

SCENE VIII.

LES PRÉCÉDENS, UN OFFICIER DE LA COUR
DE CHARLES VI, SUITE.

L'OFFICIER, *à Clisson.*

Du fier Anglais l'orgueil sauvage ,
A nos pieds s'humilie enfin ;
Richard à notre roi, son seigneur suzerain,
Par un de ses barons, vient rendre un juste hommage;
Et le brave Clisson , des lys le ferme appui,
Va jouir du noble avantage
De voir le Léopard s'abaisser devant lui.
(*Clisson s'incline avec reconnaissance.*)

LE CHŒUR.

Honneur au héros de la France, etc.

UNE VOIX.

Heureuse paix, de tes délices
C'est par lui que nous jouissons;
Offrons lui les douces prémices
De nos fruits et de nos moissons.

LE CHŒUR.

Offrons lui les douces prémices
De nos fruits et de nos moissons.

(Des villageois et des villageoises lui présentent en dansant des fruits et des épis.)

(De jeunes filles ôtent à Clisson son casque, son épée, etc. Le ballet continue.)

UNE VOIX.

Mars est désarmé ; Mars repose,
Tandis que Cythérée en ses bras le retient,
Cachez son glaive, Amours, sous des buissons de rose,
C'est à vous à présent que la terre appartient.

LE CHŒUR.

Cachez son glaive, Amours, sous des buissons de rose,
C'est à vous à présent que la terre appartient.

(Tous les Personnages rentrent dans le château.)

Fin du premier Acte.

ACTE II.

*Le Théâtre représente un paysage très - orné ;
sous un gros chéne est un trône surmonté d'un
dais , et autour duquel sont rangés des siéges.*

SCÈNE PREMIÈRE.

MADAME DE COURCY, *seule.*

D'un trait aigu mon ame atteinte,
En perdant l'innocence , a perdu le repos,
Et ce qui redouble mes maux ,
C'est de ne pouvoir pas me permettre la plainte.
Amour funeste , où réduis-tu
Les cœurs dévorés de ta flamme ?
De remords, vainement le mien est combattu ;
Ton attrait subjugue mon ame
Et triomphe de ma vertu.
Et ma fille et Clisson deviennent mes victimes !
Eh ! quel peut-être mon espoir ?
Me ferai-je aimer par des crimes ?
Mon amour qu'à Clisson j'osai faire entrevoir,
Excite son mépris !... rentrons dans le devoir ;
Éteignons , je le veux , des feux illégitimes.

Mais de remords en vain mon cœur est combattu ;
Amour funeste, où réduis-tu
Les cœurs dévorés de ta flamme ?
Ton attrait subjugue mon ame,
Et triomphe de ma vertu.
Amour funeste, où réduis-tu
Les cœurs dévorés de ta flamme ?

SCÈNE II.

MADAME DE COURCY, CLISSON, SEIGNEURS
ET DAMES, SOLDATS, PEUPLE.

LE CHŒUR.

Pour la France quel heureux jour !
La paix embellit ce séjour ;
L'ennemi va courber sa téte ;
C'est le triomphe, c'est la fête,
Et de la Gloire et de l'Amour.

SCÈNE III.

LES PRÉCÉDENS, ALBÉRIC.

ALBÉRIC, à Clisson.

Seigneur, le fier Anglais s'avance ;
Une suite nombreuse atteste sa puissance ;
Mais lorsque devant vous son front va s'abaisser,
Son faste et sa magnificence,
Prétendraient-ils vous éclipser ?

CLISSON.

Son faste et sa magnificence,
Loin d'être injurieux à l'éclat de la France,
Ne peuvent que le rehausser.
Triomphons avec modestie,
Elle sied bien à la valeur;
Et que nul d'entre vous n'oublie,
Qu'un ennemi qui s'humilie,
A droit aux égards du vainqueur.

TOUS.

Un ennemi qui s'humilie,
A droit aux égards du vainqueur.

*Clisson se place sur le trône ; madame de
Courcy, un peu plus bas, est assise à côté de
lui ; les autres Seigneurs et Dames occupent les
côtés du trône.*

SCENE IV.

LES PRÉCÉDENS, UN BARON ANGLAIS; SUITE.

LE CHŒUR.

Vive Clisson! vive la France!
Honneur à la France, à Clisson!

UNE VOIX.

A ses exploits elle doit sa puissance;

DEUX VOIX.

A ses vertus, son immortel renom.

CHŒUR.

Vive Clisson ! etc.

Un des Écuyers du Baron Anglais lui ôte son casque, son épée et ses éperons dorés ; il s'avance jusqu'au pied du trône, où est assis Clisson, pose un genou en terre, joint les mains, et prononce ces mots :

LE BARON ANGLAIS.

Seigneur, des fiefs de sa couronne,
Le roi, mon maître, en ma personne,
Vient faire hommage à votre roi.

CLISSON.

J'accepte en son nom cet hommage,
Et de sa loyauté pour vous offrir un gage,
Recevez le baiser de foi (1).

---

(1) Voici le texte de l'hommage tel qu'il a été extrait des capitulaires de St. Louis : « Sire, moi, N***, je vous requiers,
» comme à mon Seigneur, que vous me mettiez en votre foi
» et en votre hommage de... et autres fiefs dépendant de votre
» couronne : Sire, je déviens votre homme, et vous promets
» féauté dorénavant comme à mon Seigneur, envers tous
» hommes qui puissent vivre et mourir ».
    « Moi, N***, vous reçois et prends à hommage vous N***,
» et vous donne le baiser de foi ».

CHŒUR.

Vive Clisson ! etc.

CLISSON, *au Baron Anglais.*

La paix habite enfin dans les lieux où vous êtes,
 Quelques instans daignez y demeurer;
  Et venez prendre part aux fêtes ,
  Que pour vous j'ai fait préparer.

(Ballet de Guerriers.)

*(On entend une canonnade dans l'éloignement ;
tout le monde prête l'oreille.)*

SCÈNE V.

LES PRÉCÉDENS, UN OFFICIER FRANÇAIS.

L'OFFICIER.

On nous trahit, seigneur; l'infidelle Angleterre
 A la faveur d'une trompeuse paix,
  Au sein de l'Empire français,
Rallume sourdement les torches de la guerre,
Et par la trahison garantit ses succès.

LE BARON ANGLAIS.

Quoi, seigneur, vous croiriez.....

CLISSON.

Épargnez-vous la honte
D'ajouter l'imposture à l'infidélité :
Sortez ; qu'une retraite prompte
Vous dérobe au courroux dont je suis transporté.

(Le Baron Anglais se retire avec sa suite.)

SCENE VI.

CLISSON, Mme. DE COURCY, ALBÉRIC, SUITE.

CLISSON.

SOLDATS, préparez-vous à reprendre les armes,
L'Anglais va succomber sous notre bras puissant ;
S'il a su nous causer un seul moment d'allarmes,
Qu'il les dissipe en périssant.

LE CHŒUR.

Courons, courons chercher des armes ;
L'Anglais va succomber sous notre bras puissant ;
S'il a su nous causer un seul moment d'allarmes,
Qu'il les dissipe en périssant.

(Le chœur se retire.)

SCÈNE VII.

CLISSON, Mme. DE COURCY.

Mme. DE COURCY, *le retenant.*

CLISSON, la guerre est rallumée,
Vous allez exposer à des périls nouveaux
Cette tête chérie et toujours animée
    Des nobles desseins d'un héros.
    De mon sexe si la faiblesse,
    Loin des camps ne m'enchaînait pas,
Dieux, avec quelle ardeur, avec quelle tendresse,
    Je suivrais en tous lieux vos pas !
        De l'acier homicide
        Levé déjà sur vous,
Ma main, avec transport, détournerait les coups;
    Et si son atteinte perfide
    Se dirigeait contre mon sein,
    Je bénirais, en mourant, mon destin!

CLISSON.

Lorsque tout me trahit, l'amitié me console:
    Que je chéris ses doux accens !
    Mme. DE COURCY, *avec transport.*

Ce n'est point l'amitié, Clisson, qui vous console,
    Ce ne sont point là ses accens.
    Reconnaissez, à des feux plus puissans,
L'amour qui des grands cœurs est la secrète idole.

CLISSON.

L'amour, qu'ai-je entendu ?

Mme. DE COURCY, *à part.*

Mon cœur s'ouvre à l'espoir.

CLISSON.

Alix peut être inconstante et frivole,
Mais l'oublier n'est pas en mon pouvoir :
Seule elle règne sur mon ame,
Et je ne puis trahir une aussi belle flamme.

Mme. DE COURCY, *avec fureur.*

L'ingrat ! il me méprise, il dédaigne ma flamme !
Eh bien ! je te ferai partager mon malheur,
Ton Alix n'est point infidelle.

CLISSON, *vivement.*

Mon Alix n'est point infidelle !

Mme. DE COURCY.

Mais vainement tu possèdes son cœur,
Je vais, entre elle et toi, mettre, dans ma fureur,
D'une étroite prison la barrière éternelle.

(Elle sort.)

SCÈNE VIII.

CLISSON, ALBÉRIC.

CLISSON.

SE peut-il, juste ciel! une étroite prison!
Courons!... mais des combats la trompette m'appèle.
Cruelle mère, ô lâche trahison!
Suis ses pas, Albéric; observe, ami fidèle,
Découvre en quel obscur séjour
On veut soustraire Alix à mon amour.

ALBÉRIC.

Seigneur, c'en est assez; fiez-vous à mon zèle,
Je serai bientôt de retour.   (*Il sort.*)

SCÈNE IX.

CLISSON, GUERRIERS ARMÉS.

CLISSON.

PUIS-JE compter assez sur lui, sur sa prudence?
Courons.... mais les combats réclament ma présence:
Au devoir immolons l'amour.

Tyran des ames généreuses,
Honneur, qu'exiges-tu de moi?
Devant tes lois impérieuses
Je fais fléchir toute autre loi.
Mais Alix n'est point infidelle;
Dois-je à 'la plainte abandonner mon cœur?
Partons; la trompette m'appelle;
Je suis aimé; je reviendrai vainqueur.

LE CHŒUR.

Les Français ont repris les armes,
L'Anglais va succomber sous notre bras puissant.

CLISSON, *l'épée nue.*

Oui, l'Anglais va tomber sous notre bras puissant:
Sur les malheurs publics si je verse des larmes,
Qu'il en répande aussi... mais des larmes de sang!

LE CHŒUR.

Les Français ont repris les armes,
L'Anglais va succomber sous notre bras puissant.

(*Ils sortent. Musique guerrière.*)

Fin du deuxième Acte.

ACTE III.

Le Théâtre représente l'intérieur d'une tour obscure.

SCENE PREMIERE.

ALIX, *seule.*

COMMENT du sort qui m'accable,
   Ai-je mérité les coups ?
   Mère cruelle, implacable,
   Ah ! pourquoi m'opprimez-vous ?
Vous voulez qu'oubliant mes sermens, ma tendresse,
D'un mortel odieux je reçoive la main !
Non, je puis succomber à l'horreur qui me presse,
Mais trahir mon amant ! vous l'espérez en vain.
Si Clisson connaissait ma prison ténébreuse,
   Clisson viendrait me secourir ;
Il voudrait, n'écoutant qu'une ardeur généreuse,
   Ou me délivrer, ou périr.

    (*Elle regarde dans la campagne.*)

Mais au pied de la tour, son écuyer fidèle,
   Paraît avec quelques soldats,
Que vois-je ? l'un d'entr'eux secrètement l'appèle ;
Voyons si mes accens ne le frapperont pas.

ROMANCE.

Ier. COUPLET.

La triste fauvette,
Que le vautour guette
Pour la dévorer,
Par ses cris conjure
Toute la nature
De la délivrer.

Il m'entend, poursuivons.

IIeme. COUPLET.

Sa douleur plaintive
A frappé la rive
Des monts d'alentour;
L'oiseau du tonnerre,
Vient livrer la guerre,
Au cruel vautour.

Ses gestes font comprendre,
Que de ma délivrance en secret occupé...
Doux espoir, que saisit un cœur fidèle et tendre,
Puisses-tu n'être pas trompé !

IIIeme. COUPLET.

De l'aigle invincible,
La serre terrible,

Saisit l'oppresseur ;
Et reconnaissante,
La fauvette chante
Son libérateur.

Albéric, écoutez... Grands dieux ! voici ma mère.

SCENE II.

MADAME DE COURCY, ALIX.

Mme. DE COURCY.

MA fille, à vos devoirs avez-vous réfléchi ?
A mes desirs enfin voulez-vous satisfaire,
En acceptant l'époux que je vous ai choisi ?

ALIX.

La rigueur ne peut rien sur mon ame inflexible,
Olivier est aimé de moi,
Olivier a reçu mes sermens et ma foi,
Et les trahir m'est impossible.

Mme. DE COURCY.

Je saurai vous contraindre à recevoir ma loi.

ALIX.

La rigueur ne peut rien sur mon ame inflexible,
Olivier est aimé de moi.

Mme. DE COURCY.

Un autre époux vous est donné par moi.

(*Une flèche à laquelle une lettre est attachée,
est lancée du dehors par la fenêtre, et vient
tomber aux pieds d'Alix, qui la ramasse.*)

ALIX.

Ciel !

Mme. DE COURCY, *vivement.*

Quel est cet écrit ?

ALIX, *lit.*

« Tandis que dans les camps
» Le brave Olivier se signale,
» Mes soins veillent sur vous : puissé-je à vos tyrans
» Vous enlever bientôt... les obstacles sont grands,
» Votre mère...... est votre rivale ».

Mme. DE COURCY, *avec honte et accablement.*

Tout est dévoilé ; c'en est fait,
A ses yeux la rougeur m'accable.

ALIX, *vivement.*

Ma mère, ah ! que je suis coupable,
Que n'ai-je deviné votre fatal secret ?
(*Elle se jette aux pieds de sa mère qui la relève.*)
Mon ame n'est plus inflexible,
Quelqu'époux que ma mère ait pu choisir pour moi,
D'Alix il recevra les sermens et la foi,
Cet effort me devient possible.

Mme. DE COURCY, *avec étonnement.*

Ton ame n'est plus inflexible !
Quelqu'époux que ta mère ait pu choisir pour toi,

D'Alix il recevra les sermens et la foi,
     Cet effort te devient possible !

ALIX.

Cet effort me devient possible.

Mme. DE COURCY, *après avoir réfléchi.*

C'en est assez... bientôt je reviens près de toi.
     (*Elle sort, le jour baisse par degrés.*)

SCENE III.

ALIX, *seule.*

CE sacrifice est grand, mais moins que mon courage,
Et si ma mort le suit, j'aurai fait mon devoir.
Clisson, puisque le sort nous ravit tout espoir,
     Que la vertu nous dédommage.
     Des coups du destin rigoureux,
     Sachons tirer un nouveau lustre,
     Et rendons notre amour illustre,
     Puisqu'il ne saurait être heureux.

Ce sacrifice est grand, etc.

Au moment où Clisson venait briser ma chaine,
De Clisson pour jamais il faut me séparer.
Le bonheur que mon ame avait droit d'espérer,
Me livre à des regrets qui redoublent ma peine.
Mais, qu'entends-je ? empêchons qu'un effort criminel....
     (*Elle court à la fenêtre.*)
Albéric, est-ce vous ? ô ciel !

SCÈNE IV.

ALIX, ALBÉRIC, SOLDATS *qui escaladent la tour.*

CHŒUR DE SOLDATS.

PROFITONS bien de l'avantage
Qu'à nos desseins offre la nuit ;
De la prudence et du courage,
Dans la tour pénétrons sans bruit.

ALIX.

Albéric !

ALBÉRIC.

Oui, c'est moi, Madame,
C'est moi qui viens briser vos fers.

ALIX.

Quels tourmens déchirent mon ame !
Je ne dois plus briser mes fers.

ALBÉRIC.

Que dites-vous ? Daignez me suivre.

ALIX.

L'honneur me défend de vous suivre.

ALBÉRIC.

Clisson pour vous seule veut vivre.

ALIX.

Pour Clisson, je ne peux plus vivre.

ALBÉRIC.

Les chemins vont nous être ouverts.

ALIX.

Les chemins en vain sont ouverts.

SCENE V.

LES PRÉCÉDENS, *nouveaux* SOLDATS *escaladant
la tour.*

CHŒUR DE SOLDATS.

PROFITONS bien de l'avantage
Qu'à nos desseins offre la nuit ;
De la prudence et du courage,
Dans la tour pénétrons sans bruit.

ALBÉRIC.

De la prudence et du courage,
Je crois entendre quelque bruit.

(*Albéric fait ranger ses soldats par pelotons
derrière les piliers.*)

SCENE VI.

LES PRÉCÉDENS, LE GOUVERNEUR *de la Citadelle*, SOLDATS.

LE GOUVERNEUR *et sa Suite.*

DE la prudence et du courage ,
. Je crois entendre quelque bruit.

(Il divise ses Soldats qui visitent à-la-fois les détours de chaque pilier, et voient paraître les Soldats d'Albéric.)

LE GOUVERNEUR *et ses Soldats.*

Examinons.

ALBÉRIC *et les siens.*

Arréte !
Silence . . . . sur ta tête.

ALBÉRIC, *au Gouverneur.*

Les clefs, les clefs , sans bruit.

LE GOUVERNEUR.

Soldats , à moi.

ALBÉRIC.

Rends-moi les armes.

ALIX.

O douleur ! ô vives allarmes !

ALBÉRIC.

A la force il faut obéir.
(Les Soldats de Clisson tiennent en respect ceux
du Gouverneur qui tire l'épée contre Albéric.)

ALIX, *à elle-même.*

L'honneur me défend de sortir.

ALBÉRIC, *à Alix.*

Je vais dissiper vos allarmes.

ALIX.

O douleur ! ô vives allarmes !

ALBÉRIC, *au Gouverneur.*

A la force il faut obéir.

LE GOUVERNEUR.

Qui ? moi ! céder ! plutôt mourir !
(Ils sont sur le point de combattre, Alix se
jette entr'eux.)

ALIX, *avec force , à Albéric.*
Albéric, il faut m'obéir.

SCENE VII.

ALIX, ALBÉRIC, Soldats, Mme. de COURCY,
dans l'enfoncement.

ALIX.

Eh ! quoi, prétendrait-on me faire violence ?
   Retirez-vous, Albéric, je le veux,
Je n'ai pas dû compter sur tant de résistance ;
Allez, et que Clisson reçoive mes adieux.
   Dites-lui qu'Alix est fidelle,
Qu'elle pourra mourir de douleur et d'ennui ;
   Mais qu'au devoir elle n'est pas rebelle,
   Et veut mourir digne de lui.

ALBÉRIC.

O courage ! ô vertu sublime !
A qui j'obéis à regret.

TOUS.

O courage ! ô vertu sublime !

Mme. DE COURCY, *paraissant.*

Ma fille, ce refus montre un cœur magnanime :
Venez trouver l'époux, digne de votre estime,
   Que je vous destine en secret.

C

ALIX.

O douleur ! ô tourment secret !

ALBÉRIC *et les siens.*

O courage ! ô vertu sublime !
A qui j'obéis à regret.

*(Le théâtre change , et représente le camp de
Clisson : on voit la mer dans l'enfoncement.)*

SCENE VIII.

CHŒUR DE FEMMES, *à genoux.*

O CIEL ! appaise ton tonnerre,
Fais cesser de la guerre
Les horribles fléaux,
Rends à la terre
Un doux repos.

GUERRIERS, *derrière la scène.*

Qu'ils périssent !

CHŒUR DE FEMMES.

Quels cris affreux retentissent !

GUERRIERS, *derrière la scène.*

Qu'ils périssent !
Les cruels auteurs de nos maux !

CHŒUR DE FEMMES.

O ciel ! appaise ton tonnerre,
Fais cesser de la guerre
Les horribles fléaux,
Rends à la terre
Un doux repos.

SCÈNE IX.

CLISSON, SUITE, GUERRIERS, *s'approchant et
paraissant ensuite.*

CHŒUR.

La victoire est à nos armes,
Plus d'allarmes,
Braves Français !
La victoire et la paix,
Sont le fruit de nos armes,
Plus d'allarmes,
Braves Français.

CLISSON.

Je suis content de vous, Français ; votre vaillance
A fixé de nouveau le destin des combats ;
La gloire de la France
Est due à votre bras.

CHŒUR.

La victoire est à nos armes, etc.

CLISSON, *seul.*

Mais Albéric s'avance.... ah ! que dois-je penser ?

SCENE X.

LES PRÉCÉDENS, ALBÉRIC, SUITE.

CLISSON.

Ami, que viens-tu m'annoncer ?

ALBÉRIC.

Un malheur imprévu.

CLISSON.

        Quoi ! ce séjour horrible,
Où gémit, loin de moi, l'objet de mon amour,
    A ta recherche est-il inaccessible ?

ALBÉRIC.

Seigneur, j'ai pénétré jusqu'au fond de la tour,
Le gouverneur, surpris, malgré sa vigilance,
    Laissait Alix en ma puissance.....
Alix, par ses refus, s'obstine à vous trahir.
« L'honneur, m'a-t-elle dit, me défend de vous suivre,
    » Pour Clisson je ne puis plus vivre ;
» Ma mère a ma promesse, et je dois obéir ».
Soudain elle a paru, cette mère implacable,
Et la timide Alix, le regard consterné,
    Gémissant du sort qui l'accable,
Va recevoir l'époux à sa main destiné.

CLISSON.

O trahison ! ô vengeance !
Je saurai l'empêcher cet hymen odieux ;
Amis , secondez-moi; nos bras victorieux ,
D'un rival aisément puniront l'insolence.

SUITE D'ALBÉRIC.

O trahison ! ô vengeance !
D'un rival détesté, punissons l'insolence ,
Et courons empêcher cet hymen odieux.

SCENE XI ET DERNIÈRE.

LES PRÉCÉDENS, Madame DE COURCY, ALIX,
Soldats , Peuple.

Mᵐᵉ. DE COURCY, à *Clisson.*

Où tend cette fureur extrême ?
Pourquoi ces armes, ces soldats ?

(*tendrement.*)

Qui cherchez-vous ? Alix ? vois sa mère elle-même ,
Qui la remet entre tes bras.
Olivier, tandis que la gloire,
Au sein des camps te proclamait vainqueur,
Un combat différent s'est livré dans mon cœur,
Et j'ai su, comme toi, remporter la victoire.

CLISSON.

Qu'entends-je ? Alix ? ah ! quel bonheur,
A tant de biens je n'osais plus prétendre.

Mme. DE COURCY.

Retrouvez, mes enfans, la mère la plus tendre,
Puissé-je réparer tous mes torts à vos yeux !
Oubliez-les... soyez heureux.

Mme. DE COURCY, ALIX, CLISSON, ALBÉRIC.

Jouissez
Jouissons } avec délices,
      D'un bonheur inattendu,
      Les destins sont toujours propices

Mme. DE COURCY et ALIX.

A la bravoure,

CLISSON.

A la vertu.

TOUS.

Jouissez
Jouissons } avec délices, etc.

Mme. DE COURCY.

Que votre mère,
Soit toujours chère,
A ses enfans.

ALIX et CLISSON.

Oui, tendre mère,
Toujours plus chère
A ses enfans.

ALIX et Mme. DE COURCY, *à Clisson.*

Toujours fidèle,
Sois le modèle,
Des vrais amans.

T o u s.

Jouissez } avec délices, etc.
Jouissons }

D I V E R T I S S E M E N T.

UN CORYPHÉE.

De joyeux troubadours une troupe légère
A nos jeux demande à s'unir.

Mme. DE COURCY.

Il faut les recevoir, leur présence m'est chère;
De quels lieux peut-on les bannir?

(aux Troubadours.)

Favoris heureux de la gloire,
Venez faire entendre vos chants;
Et puissent vos nobles accens
Charmer les fils de la victoire!

Favoris heureux de la gloire,
Venez faire entendre vos chants.

Pour les amans vous avez des musettes,
Et des lyres pour les guerriers.
Et le myrthe qui ceint vos têtes,
Ne couvre pas tous vos lauriers.

Favoris heureux, etc.

UN TROUBADOUR.

Que tous les arts se réunissent
Pour honorer le vainqueur d'Albion;
Que toutes les voix applaudissent
Aux brillans destins de Clisson.

(On danse.)

I.

O France, ô ma belle patrie !
Conserve et bénis ce héros.
Il est le gage et le génie
De ta gloire et de ton repos.

I I.

Pourquoi des Peuples de la terre
Occupons-nous le premier rang ?
C'est que, déjà grand dans la guerre,
Dans la paix encore il est grand.

I I I.

Que le ciel toujours le seconde !
Que tout succède à ses projets !
S'il était le maître du Monde,
Le Monde entier serait en paix.

LE CHŒUR *reprend à demi-voix.*

O France, ô ma belle patrie !
Conserve et bénis ce héros ;
Il est le gage et le génie
De ta gloire et de ton repos.

(Le Ballet finit.)

ALIX.

Lorsque mon sort s'unit au tien,
Clisson, j'épouse aussi ta gloire ;
Et c'est aux mains de la victoire
A resserrer notre lien.
De l'amour si j'ai les allarmes,
D'une Française j'ai le cœur ;
Ma faible voix te crie encore : aux armes !
Le Léopard est là ; pars et reviens vainqueur.

CLISSON.

Tes généreux accens échauffent mon courage.
Braves Français, preux chevaliers,
La beauté nous invite à ce noble voyage,
La gloire nous appelle à de nouveaux lauriers.
C'est peu d'avoir vaincu la superbe Angleterre :
Il faut porter la guerre
Jusques dans ses foyers.

TOUS.

Écrasons sous nos pieds
L'orgueil de l'Angleterre ;

Portons, portons la guerre
Jusques dans ses foyers.

Chant de Guerre.

CLISSON.

I.

L'Anglais, que par ses dons aveugle la fortune,
S'énorgueillit en vain de l'empire des eaux;
Pour briser dans sa main, le trident de Neptune,
Jupiter, dans la nôtre, a remis ses carreaux.

TOUS.

Écrasons, etc.

UN CORYPHÉE.

II.

Cet insulaire altier, retranché dans son île,
De ses eaux, de ses monts, croit se faire un rempart;
Vain espoir! Il n'est point de torrens pour Achille,
De monts pour Annibal, ni de mers pour César.

TOUS.

Écrasons, etc.

ALBÉRIC.

III.

Nations, respirez de vos longues allarmes:
L'insolente Albion vous préparait des fers.
Mais le ciel s'est rangé du parti de nos armes;
Et le glaive français va venger l'Univers.

TOUS.

Écrasons, etc.

CLISSON.

I V.

De nos voiles déjà je vois ses mers couvertes,
Éole et les Tritons nous poussent vers ses bords ;
A nos braves soldats ses cités sont ouvertes,
Et l'étendard français est planté dans ses ports.

TOUS.

Écrasons sous nos pieds
L'orgueil de l'Angleterre ;
Portons, portons la guerre
Au sein de ses foyers.

F I N.